Carlo Scarpa:
il museo di Castelvecchio

Sergio Marinelli

Carlo Scarpa: il museo di Castelvecchio

Electa

in copertina
Proiezioni d'ombra intorno
alla statua di Cangrande.

Nuova edizione 1996

Carlo Scarpa:
il museo di Castelvecchio

La semplice descrizione dell'attuale percorso museale può far comprendere sia la logica della suddivisione delle collezioni sia quella dell'intervento stesso del restauro.

Nella risistemazione del 1964 l'accesso al museo è stato spostato a una estremità della galleria (prima era centrale), cui si perviene dall'ingresso principale del cortile sul corso o da quello laterale sul ponte scaligero, attraversando una passerella metallica calata sul vallo e costeggiando il prato nel vialetto di siepi di bosso. Dal terreno naturale si passa a una lista lastricata di pietra tra due fontane che conduce al portale dell'ingresso.

Da qui, percorrendo da un capo all'altro la galleria, ha inizio la prima sezione, composta di cinque ampie sale, i cui passaggi sono costituiti da grandi archi voltati a botte. La luminosità di questi spazi è legata, più che alle finestre profondamente strombate sul fiume, che costituisce sempre approssimativamente il lato settentrionale, a quelle sul giardino, spesso rastremate verso l'interno, in funzione di qualche effetto particolare d'illuminazione sulle opere. Nella prima sala si apre un vano minore rientrante nel giardino, il cosiddetto "sacello", che contiene oggetti preziosi di piccole dimensioni e vetrine di vetri antichi e gioielli, spazio cui il taglio superiore nel tetto conferisce un significato analogo ai "tesori" delle cripte o ai mausolei ravennati. L'esterno ha una lavorazione alternata a pietra opaca-lucida di prezioso disegno, che rompe con la sua sporgenza e col colore la monotonia della facciata. Se l'idea è, in negativo, "bizantina", un grande mosaico esterno, il disegno di realizzazione non può far dimenticare che Scarpa fu l'allestitore delle mostre veneziane di Klee (1948) e Mondrian (1956).

La galleria bassa è riservata alle sculture, posate su piattaforme o su alti basamenti di calce rasata colorata, profilati d'acciaio. La terza sala si apre a loggia sul cortile con una piattaforma di calcestruzzo sopraelevato sul verde del prato. L'architetto prevedeva a questo punto una possibilità di uscita, ora bloccata per motivi di sicurezza.

La galleria è chiusa da una stupenda porta scorrevole finale, che sfuma la visione esterna nella sua costruzione a reticolo intrecciato. Oltre si scende per gradini a vari livelli, come in una zona archeologica, sotto il basamento del Cangrande, e lungo lo scavo del vallo, fino alla porta del Morbio.

Si accede ad un secondo cortile, nella parte medievale, oltre il muro.

Dopo questa prima sortita all'aperto si rientra nel museo per la torre del mastio, con un ingresso fiancheggiato da grandi lastre di Prun e una scala che sale a una piattaforma del primo piano. Da qui un'altra passerella aperta conduce alle stanze della residenza trecentesca, dove i due piani di questa riservati all'esposizione presentano pavimenti lignei, tranne il salone del piano d'ingresso lastricato di marmo di clauzetto.

Dalle finestre dei saloni la vista spazia sul fiume e sull'altra riva. L'esposizione presenta soprattutto la pittura medievale e umanistica: le opere sono collocate sui muri anche con basamenti di supporto di stucco bianco o su cavalletti. Spesso sono inserite su sfondi di pannolenci incassati in riquadri di legno: sono state eliminate per i dipinti molte cornici dell'epoca di Avena che, oltre a non essere quelle originali, erano per lo più falsi recenti e di grossolana fattura. Anche i frammenti degli affreschi decorativi originari sono considerati nell'esposizione come opere a sé stanti, con un proprio spazio di visione. Una passerella coperta a vetrate riporta dalla reggia medievale al mastio. Quindi si esce a una nuova apertura con una scala che scende verso la statua di Cangrande ripassando sopra il muro: è l'ultima grande interruzione scoperta del percorso. Se da un lato si apre il panorama del cortile lungo il muro comunale, dall'altro una seconda scaletta risale al camminamento superiore sul fiume: è questo uno dei punti panoramici e architettonici più suggestivi. Dopo la passerella che affianca la statua di Cangrande, al cui lato sporge un ballatoio parallelo per una più larga e ravvicinata osservazione, si entra nella galleria dei dipinti dal Cinque al Settecento. Dalla prima sala si può tornare a guardare Cangrande di fronte: e questo non è l'ul-

La facciata sul cortile maggiore e particolare
con una bifora.

L'ingresso al museo con una delle due fontane.

timo flashback di Scarpa. Il muro portante sul fiume è tagliato dalle pareti della sala da uno stretto camminamento, mentre un secondo preferenziale passaggio costeggia il muro sul cortile, in cui si aprono le ampie finestre gotiche riportate. Le pareti assumono così la funzione di pannelli di mostra, dove i dipinti sono la più parte appesi con doppie corde d'acciaio dall'alto, segnando una serie di scansioni lineari sul muro. I pavimenti sono di cotto bordati di pietra chiara e rappresentano la nota cromatica più forte rispetto alle diverse variazioni bianco-grigie dei muri e dei soffitti. Nella terza sala le tele tintorettesche sono disposte su un pannello inclinato che rompe la monotonia della scansione spaziale ripetitiva di linee ortogonali e parallele. Al termine della galleria l'ultima sala, del Settecento, ribalta i rapporti di pieno-vuoto e di luce delle finestre, con una vetrata lunga e alta dalla parte del fiume. Il soffitto di stucco lucido azzurro è una indicazione voluta, come un'eco cromatica astratta della pittura veneziana del secolo. Dietro al pannello che scherma la parete di

fondo si apre una grande nicchia-finestra che guarda sull'arco dei Gavi. Ritornando per l'uscita alla penultima sala, prima di imboccare la scala di discesa, una porta finestra strombata si apre a un ultimo sguardo sul fiume.

Ne risulta che un ritmo alternato e continuo di chiuso-aperto e una serie di panorami diversi, dall'esterno e dall'interno, inquadrati anch'essi come immagini di storia e di vita, contraddistingue Castelvecchio, non come banale "contenitore" di opere, ma come punto d'osservazione e di rispecchiamento della città e della sua storia. I successivi tronchi dell'architettura, di varia epoca, ben evidenziati dai "tagli" scarpiani, corrispondono ora a raccolte differenziate di materiali, anch'essi di varia epoca.

L'immagine attuale di Castelvecchio è quindi inseparabile dall'intervento di Carlo Scarpa (1958-1964), anche se esso non è mai sovrapposizione o alterazione, ma delimitazione, precisazione, cornice dell'antico. Per come era arrivato fino ad allora il castello, il gioco delle alterazioni, anche volute e volutamente

Il percorso in pietra di Prun tra le fontane.   *Il divisorio dell'entrata-uscita del museo.*

Carlo Scarpa, progetto per il disegno della copertura esterna del sacello. Verona, Museo di Castelvecchio.

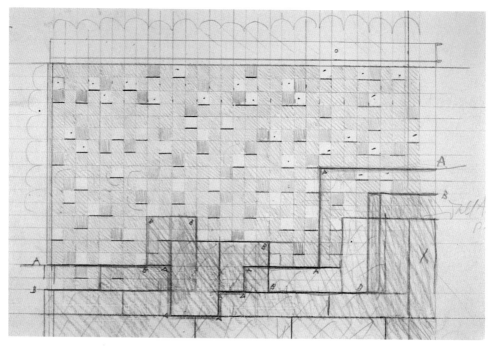

non documentate, come quelle di Avena, non sembrava più districabile e solo il restauro ha consentito la ricostruzione con quasi completa certezza delle diverse fasi anteriori.

La precedente esperienza museale di Scarpa si era esercitata su edifici di carattere e contenuto più propriamente veneto, salvo l'esperienza collegiale fiorentina degli Uffizi. Anche la cultura di palazzo Abatellis a Palermo convergeva in una *koiné* artistica mediterranea, di cui Venezia era un polo fondamentale. Per i contenuti palazzo Abatellis stava all'Accademia di Venezia nello stesso rapporto in cui la pittura di Antonello stava a quella di Giovanni Bellini. Ma intrinsecamente veneta era la cultura di Scarpa, che di sé poteva tranquillamente affermare: "In fondo io sono un bizantino" (e questo parlando non a caso dell'orientalismo del viennese Hoffmann) (Scarpa 1976, in Dal Co, Mazzariol 1984). È la concisa affermazione di una autocoscienza storica sicura, soprattutto se si pensa non solo alle cupole di Costantinopoli, di teologia metafisica, ma al bizantinismo di Venezia: un'archi-

tettura di riporto e di sincretismo, una città costruita sull'acqua con i resti asportati da Oderzo, da Concordia, da Costantinopoli, da Alessandria; tutti materiali già lavorati e costruiti, con una loro storia precedente, riassemblati con altri moderni in un'altra storia, di non minore dignità e splendore. Naturalmente è proprio il contrario di una architettura di principi ideali, di proporzioni preordinate, come poteva esserlo quella di Boullée o perfino anche quella di Palladio. Questa eredità e questo atteggiamento spiegano anche la totale confidenza e mancanza di soggezione di Carlo Scarpa nei confronti della storia.

A Castelvecchio Scarpa, nel precedente assemblaggio favolistico nordicizzante, trovava agganci favorevoli per operare: tutta una serie di elementi architettonici riportati, di gotico veneziano, dal palazzo dei Camerlenghi a San Tommaso Cantuariense, lo rimettevano a proprio agio con la sua origine. Del gotico scaligero lo interessò evidentemente la vena orientalistica dell'arte delle Arche e del Cangrande, per cui si entusiasmò a studiarne la

Il sacello visto dall'ingresso del museo.

collocazione da "castello giapponese". Ma anche la grande statuaria del Trecento veronese lo interessò per quella che doveva sembrare a lui, tanto amico di Arturo Martini, una sconvolgente modernità: e va detto che l'allestimento della galleria delle sculture, una delle parti di esito più elevato nel lavoro di Castelvecchio, più di ogni altro scritto critico ha contribuito alla conoscenza e alla fortuna di queste opere. Sergio Bettini (1957) aveva affermato che "le mostre di Scarpa sono ottimi saggi di una critica visuale ricca di citazioni pertinenti". Per questo, nel caso di Castelvecchio, non è possibile leggere l'intervento scarpiano come discorso autonomo di architettura senza le opere antiche, che di quell'architettura costituiscono l'elemento portante, mentre essa ne è spesso solo l'estensione, il commento.

Si è sempre sostenuto che il fascino che contraddistingue il Castelvecchio di Scarpa è quello di essere non un ammasso inerte di spazi, ma un intreccio dinamico di itinerari, "vie delle pietre" o "delle immagini", di cui

Scarpa ricostruisce o più spesso "costruisce" la storia, ma che in ogni caso sono più legate al concetto dinamico di percorso, quello del visitatore e quello del tempo, che a quello statico di idea o di forma. Le forme beninteso sono accuratamente definite ma non sono mai quelle elementari, semplici, gestaltiche; sono invece sempre apparentemente irregolari, casuali, ma non come risultato di una informale irrazionalità bensì come possibile esito di un vissuto storico lunghissimo.

Scarpa costruisce anche le parti moderne accanto a quelle antiche con il travaglio e la complessità, lineare e materica, e le "imperfezioni" di ciò che ha già avuto una lunga storia. Si può dire che tutto ciò che egli tocca diventi subito storia; non c'è mai quella che Mishima descrive come la volgarità inevitabile del nuovo, quella tanto per fare un esempio, della copertura dell'arca Castelbarco a Sant'Anastasia, già deprecata al momento dell'esecuzione da Ruskin e che, dopo un secolo e mezzo dal suo restauro, esibisce ancora l'errata, stridente eterogeneità e il discrepante invecchiamento

12

dei materiali. Per tale motivo il restauro di Castelvecchio, a parte le conseguenze dell'insufficiente manutenzione, mostra un'attualità non datata, o meglio ancora, una posizione sicura nella storia, mentre tante altre simili operazioni contemporanee o addirittura successive sono già risultate sorpassate e travolte dal tempo.

I percorsi di Castelvecchio si attraversano, si accavallano su diversi piani. Scarpa è attratto da un *amor vacui*, fatto di passerelle, scale, passaggi, piattaforme sospese sul vuoto. Il ritrovamento della porta del Morbio nel 1959, che rompeva un varco nel muro comunale e sfondava alla fine la galleria al piano terra, aprendola alla luce e togliendole il greve aspetto di *stube* falsogotica; lo scavo del vallo interrato nel 1962, come testimonia Magagnato, furono gli episodi più eccitanti del restauro. Il poter ricostruire l'immagine del castello su più piani, in profondità e altezza, ridava al complesso una dimensione di grandiosità, che il tempo aveva fatalmente ottuso e appiattito. Benché poi su questi piani egli abbia tracciato

sempre percorsi paralleli ma non ascensionali, se non per brevi collegamenti, rinunciando, ma forse anche per ragioni di economia e di funzionalità museale, a considerare nel suo intervento l'altezza delle torri. L'incrocio ideale di tutti i percorsi, come Magagnato ha sempre sottolineato, è la statua di Cangrande, che si sa esser stata tra le ultime cose posizionate definitivamente nel 1964. La sua collocazione potrebbe sembrare conseguente a tutto l'intervento nel castello, ma più probabilmente l'ha illuminato fin dall'inizio e ne risulta il significato ultimo. Scarpa aveva trovato a Castelvecchio questa statua indubbiamente straordinaria che, anche sotto le incrostazioni della retorica popolare e dotta, poteva apparire agli intuiti più sensibili come la figura del signore ideale del castello, l'indubbio *genius loci*, benché l'opera fosse stata realizzata per un altro luogo, le Arche scaligere, quasi vent'anni prima del castello, che era legato invece alle più truci e grossolane memorie di Cangrande II, Cansignorio e Antonio della Scala. Ben più che il *Trionfo della morte*

La galleria delle sculture vista dall'ingresso del museo.

di palazzo Sclafani, o l'enigmatica *Annunciata* di Antonello, con l'aragonese palazzo Abatellis, il legame tra il castello veronese e l'immagine fortissima ed eccezionalmente dinamica della statua di Cangrande era al tempo stesso attraente ed inevitabile.

Scarpa, come sua abitudine, non portò da fuori un progetto a priori, calandolo sull'edificio, ma vi si installò per periodi anche lunghi, come in un campo di scavo archeologico, esplorandolo con Magagnato ed elaborando via via tentativi successivi di soluzione per i vari problemi. A lavoro finito, la coerenza fa rileggere il tutto come preordinato da meticolosa e ossessiva precisione. Cangrande, la statua equestre più dinamica e aerea prima dell'età barocca, si rivela la chiave evidente nella concezione guida di questo museo di percorsi: "Il tema più impegnativo fu però la collocazione di Cangrande, della scultura equestre. Non fu facile trovare una soluzione. Anche messa lì, all'aria, era in relazione al movimento e lo condizionava, sottolineando uno dei più importanti nessi storici tra le diverse parti del castello. Decisi di girarla leggermente, per enfatizzare la sua indipendenza dalla struttura che la sosteneva; pur formando parte con il tutto, continua una sua vita indipendente" (Scarpa 1978, in Dal Co, Mazzariol 1984). Lo stesso supporto a L della statua, adottato dopo prime ipotesi più timide e conformiste, interpreta analogicamente, sul piano architettonico, il rapporto formale tra il busto teso del guerriero e l'elmo rovesciato sulle sue spalle. Il taglio sottilissimo nel sostegno di calcestruzzo è ancora il segno con cui Scarpa, togliendo compattezza formale al supporto, indica la qualità aerea della scultura. Per tale motivo quel supporto ha significato solo per la scultura per cui è stato previsto. La situazione si ripete sistematicamente nelle collocazioni delle opere antiche: "Esemplare il caso del S. Martino di Avesa [...] offerto per l'eterno a una visione integrale, che non è certo turbata dal supporto scuro e lucido in cemento stuccato, "doppio" geometrico del marmo, di cui ripete le dimensioni e la forma quadrata" (Dalai 1982). Il soggiorno a Verona risultò fonda-

mentale a Scarpa per conoscere la cultura locale che più gli interessava, quella della tradizione antica dei lapicidi e degli artigiani, la scoperta di nuovi materiali diversi da quelli veneziani in una città che aveva fornito pietre e marmi a gran parte d'Italia fin dall'età del romanico e che dai tempi di Cansignorio vantava il titolo di *marmorina urbs* per l'impiego di questi materiali fin nei marciapiedi lastricati delle strade. La scoperta dell'architettura popolare dei Lessini e il conseguente impiego dei materiali delle cave montane sono l'altra via attraverso cui l'architetto arriva a comprendere, e far comprendere, gli aspetti dell'arte veronese, come la scultura del Trecento, che sembrava esprimersi in un idioma così selvaggio e tedesco da parer lontano da Venezia quanto dall'Italia centrale. Nella galleria delle sculture le grandi lastre di pietra di Prun addossate agli archi hanno la stessa forte presenza delle statue. "Anche al piano superiore le pareti non diventano altro che pannelli-sfondo per i dipinti, tranne la sola cui si riconosca funzione portante che coincide con

il muro del camminamento lungo l'Adige ed è trattata ad intonaco rustico. È proprio in sottolineature come questa, non formali o mentali, affidate invece all'evidenza sensibile dei materiali impiegati, e alle tecniche artigiane di lavorazione, patrimonio di una tradizione costruttiva locale, che il museo ritrova una relazione concreta con il territorio in cui è radicato ed ha una sua ragione d'essere, diventa veramente museo di una città e della sua cultura: in questo senso acquistano pregnanza simbolica, nello spessore dei varchi tra le sale della galleria, le lastre monolitiche di pietra di Prun visibili ancora nelle valli montane del veronese a delimitazione degli antichi poderi" (Dalai 1982). Le ripetizioni ritmiche dei grandi archi a tutto sesto preparano alla semplice monumentalità della romanica porta del Morbio, che si rivela solo alla fine come il loro prototipo formale antico. L'unità spaziale della galleria delle sculture è ribadita anche dalla grande trave metallica che unifica e come sospende all'alto lo spazio. Come sempre Scarpa evita però il cannocchiale prospettico, che

*La statua di san Bartolomeo in controluce
alla bifora nella seconda sala della galleria
delle sculture.*

qui pareva d'obbligo, costruendo un pavimento per liste orizzontali di pietra bianca parallele che intersecano il cemento grigio lucido e ad ogni passo rallentano e negano la convergenza lineare finale. Su di esse la luce delle finestre disegna altre, diverse, variabili bande parallele. Un effetto, anche involontario, prospettico, avrebbe accelerato affannosamente il percorso e la visione, incrinandone la serenità del ritmo, e avrebbe comunque implicato una centralità e una gerarchia, sempre evitate. Al piano superiore della galleria, dove le pareti sono appunto tagliate e svalutate in funzione di pannelli di mostra per ospitare più liberamente le tele, il camminamento che corre come a quinta lungo il muro sul fiume piega evitando tentazioni prospettiche.

Oltre che di percorsi, l'architettura scarpiana a Castelvecchio è fatta essenzialmente di "tagli" che isolano, definiscono, separano le parti diverse dell'edificio e della storia. Soffitti, pareti, pavimenti, sono staccati per distinzione con accorgimenti materici e formali, mai proposti nella fusione di spazi complessivi chiusi. Ciò è particolarmente evidente per i pavimenti, rialzati come nella galleria delle sculture e delimitati da un bordo più basso o definiti, come quelli di legno della reggia, da un cordolo di pietra. Da una funzione anonima di inosservato subordine passano, nella loro ricca varietà materica, a basamento e supporto delle opere, assumendo anche significati metaforici in proprio. "Pensando all'acqua intorno alle mura del castello, mi venne l'idea di proporre una connessione in negativo. Il pavimento di ogni stanza è individuato come se si trattasse di una serie di piattaforme. Cambiando il materiale ai bordi con una cimasa in pietra più chiara, per meglio definire il quadrato, si modula il pavimento" (Scarpa 1978, in Dal Co, Mazzariol 1984).

Anche in queste forme aperte, manifeste nei termini del loro costituirsi, sta la dinamicità dell'architettura scarpiana rispetto ad altre di forme chiuse e fisse. Si direbbe in analogia alla sua formazione artistica, come specialmente si vede dalla creazione vetraria, un tipo di cubismo architettonico, che mira a recu-perare gli elementi originari delle forme spaziali, oltre che nel loro significato, in una loro fluida e distaccata autonomia. Così anche le finestre e gli elementi architettonici riportati della facciata sono isolati come gli altri oggetti museali, inquadrati e analizzati sia dall'esterno che dall'interno del percorso, dalle linee di taglio delle finestre moderne. Questa falsa facciata eclettica aveva posto a Scarpa molti problemi; il suo visitatore non l'avvicina né l'affronta mai; resta una visione schermata da un percorso parallelo di siepi, al di là del prato, difesa ancora da un muretto rastremato di cemento, che riecheggia soluzioni dell'ingegneria militare, e da una più varia distribuzione di siepi lungo la parete. Castelvecchio manca, coerentemente, di una vera facciata, che svolga anche tale funzione rappresentativa poiché quelle dell'antica caserma napoleonica diventano, nel sistema dei percorsi, intrinsecamente "laterali". Qui comunque è più evidente il rapporto dialogico di natura e storia nell'architettura scarpiana: dagli effetti di rispecchiamento nell'acqua bassa delle fontane fino al baluginare ricercato dei riflessi dell'acqua sulla facciata. Anche lavorando su materiali moderni senza "anima" e senza storia, come il calcestruzzo, Scarpa mira ad ottenere singolari e "naturali" esiti di colore, di luminosità e di *texture*, variando le composizioni e le tecniche di lavorazione. La diversa bocciardatura delle pietre imita gli effetti del tempo; il legno delle armature lascia l'impronta delle sue linee al calcestruzzo. Ogni materiale è connotato da una propria qualità formale.

Le fotografie scattate da Arno Hammacher nel 1982, per la multivisione *Spazio, tempo e luce*, che accompagnava la mostra *Carlo Scarpa a Castelvecchio* nel 1982 sono state scelte ad illustrare qui questo testo, anche rispetto a serie precedenti di indubbia importanza sia documentaria, sia estetica, come quelle di Monti Popp o i Mulas, per l'efficace rispondenza nella restituzione del metodo e del risultato del lavoro scarpiano. E tanto più rispondenti lo erano nelle sincronie e successioni d'incastro delle immagini nella multivisione, dove i confronti amplificavano o analiz-

Madonna col Bambino acefalo sul pannello nella terza sala della galleria delle sculture.

Maestro di Sant'Anastasia, Madonna in trono col Bambino nella terza sala della galleria delle sculture.

Finestra a pavimento nell'ultima sala della galleria delle sculture.

Riflessi della porta del Morbio nella porta d'uscita della galleria delle sculture.

La porta del Morbio.   *L'area sottostante la statua di Cangrande.*

Collocazione della Madonna frammentaria attribuita ad Andrea da Murano.

Madonna allattante di Michele Giambono sul cavalletto di Carlo Scarpa.

Carlo Scarpa, studio per una prima collocazione
della statua di Cangrande.

La statua di Cangrande vista lateralmente dal basso.

La statua di Cangrande vista sullo sfondo del muro comunale.

Alle pagine seguenti:
Proiezioni d'ombra intorno alla statua di Cangrande.

La statua di Cangrande vista dal basso nel taglio tra la galleria e il muro comunale.

La statua di Cangrande con le sezioni dell'intonaco sul muro della galleria.

zavano le percezioni e i significati. L'incontro postumo Hammacher-Scarpa si basa in ambedue su una vasta parte di cultura e sensibilità comune, una percezione e costruzione dello spazio di ispirazione "mondrianiana" che porta in questo caso a far coincidere istintivamente tagli d'immagine e angolature di visione. Nella storia e nel lavoro di entrambi c'è stato poi un interesse costante per tutte le tecniche dell'artigianato e dei lavori manuali e antichi. Il lavoro di Castelvecchio è tuttora particolarmente importante per la scelta e la lavorazione dei materiali. Per la sua ricerca di una perfezione mai ostentata, di una misura impercettibile, al tempo stesso apparentemente semplicissima e casuale e, se non inafferrabile alla regola, sempre al limite di essere perduta al minimo scarto di concezione o di

visione, l'architettura di Scarpa, tanto impregnata di significati storici e tanto polemicamente antintellettualistica, in quanto empirica e refrattaria a massimi principi, si lascia cogliere forse meglio da adeguate fotografie che da analisi e teorizzazioni astratte.
E di essa solo un ventaglio calibrato di immagini che vicendevolmente si indagano e si illuminano con l'"occhio" dell'architetto può dare tutta la sorprendente e sfuggente ricchezza di significati, il negativo, il riflesso, la luce, la presenza atmosferica: "La scenografia del castello non appare infatti che come riflesso sullo specchio d'acqua del giardino, le opere sono presentate in controluce di taglio, con prospettive oblique e impreviste, per particolari rivelatori o in contesti spaziali, mai isolate" (Dalai 1982).

Bibliografia essenziale

L. Magagnato, *Castelvecchio restaurato*, Verona 1964.

Carlo Scarpa a Castelvecchio, catalogo della mostra a cura di L. Magagnato, Milano 1982.

M. Dalai Emiliani, *Musei della ricostruzione in Italia, tra disfatta e rivincita della storia*, in *Carlo Scarpa a Castelvecchio*, Milano 1982, pp. 149-170.

L. Magagnato, *Storia e genesi dell'intervento*, in *Carlo Scarpa a Castelvecchio*, Milano 1982, pp. 7-34.

S. Marinelli, *Il castello, le collezioni*, in *Carlo Scarpa a Castelvecchio*, Milano 1982, pp. 133-148.

F. Dal Co, G. Mazzariol, *Carlo Scarpa. Opera completa*, Milano 1984.

R. Murphy, *Carlo Scarpa & Castelvecchio*, Venezia 1991.

Lo stacco tra la galleria e la torre adiacente la biblioteca.

Le fotografie sono state eseguite
da Arno Hammacher.

Questo volume è stato stampato dalla Elemond Spa
presso lo stabilimento di Martellago (Venezia) nell'anno 1996